おもてなし歳時記

林容子

Miele

はじめに

お教室を始めて、早くも二十年が過ぎました。

田舎育ちの私は、友人が遊びに来てくれても食事に行くところもなく、家業に忙しい母に頼むこともできませんでしたが、花嫁修業と称していくつかのお料理教室に通っていたので、いつしか自分で友人をもてなすお料理を作るようになっていました。

通っていたお教室で助手にしてもらったそんな頃、友人が、

「あなた、お料理教えてくれない?」

と言ってくれたのが、自分のお教室を始めるきっかけでした。

当時はまだ友人の子供達が小さく、子供連れで食事に行くのも大変な時期。私はドキドキしながら、友人宅でお教室をスタートしたのでした。

我が家の家業は創業百四十年余の造り酒屋です。昔は大勢のお客様を祖母が、母が、手料理でおもてなしをしたのだそうです。祖母や母のおもてなしにも使われたのでしょうか、

土蔵の中にあった古い器。そして少しずつ買い集めた器、漆器、リネン……それらを四季に合わせてしつらえをし、今のお料理教室となっていきました。

このたび二十年間ためてきたレシピから、一冊の本とすることができました。

私達が暮らす日本は、四季がはっきりしており、季節に合わせた行事、お料理がたくさんあります。子供の頃、祖母が、母が台所に立ち、小気味よく響いてくる包丁の音、鼻をくすぐる煮物の匂い、美しい盛り付けとお料理の味。何よりも家族の笑顔が一番のご馳走でもありました。

この本は、祖母から、母から受け継いだ四季折々のお料理を心に想い、季節に合わせたおもてなし料理を一年通してまとめた『おもてなし歳時記』です。お料理とともに、その季節を彩る器や花、しつらえなども紹介しております。

どうか、この本を手にとって頂けた方が、ご家庭で季節を感じながらお料理を楽しんでいただけましたら幸いです。

●材料の単位は、大匙15cc、小匙5cc、1カップ200cc、1合180ccです。
●材料の分量は、記載のあるものを除き、4〜5人分です。
●オリーブオイルは、エクストラバージンオリーブオイルを使用します。

目次

迎春 6

八寸色々　だし巻卵
芹の胡麻あえ
黒豆
鴨ロース
数の子の松前漬け
このわたの柔らか茶碗蒸し

かんぱちのお造り
鶏の丸揚げ醤油風味
蕪とカリフラワーの含め煮
海老芋の真砂揚げ青のりあんかけ
鯖鮨
苺とキウイのシャンパンゼリー

St.Valentine 16

とろとろカプレーゼ
魚貝の贅沢サラダ
蛤のスープ
豚フィレ肉のカツレツ赤ピーマンソース

温かい春野菜
レモン風味のバターライス
ケーキ・オ・ショコラ

雛祭 22

鳥貝とグレープフルーツのあえもの
筍の木の芽あえ
菜の花と浅蜊の辛子あえ
海老真薯の椀 桜うど
方々の焼霜

新じゃが芋の揚煮
切干し大根と豚肉の常備煮
散らし
桜餅

お花見会 30

プチトマトのマリネ
鰹のたたき
人参の金平
浅蜊のおから
茄子の揚げ煮ひたし

ブロッコリーとドライトマトの炒め物
南瓜といんげんの蒸し煮
焼肉
五平餅
珈琲あんみつ

漆器 36

Awaited Summer 40

オニオンのパイ
トマトの冷製スープ 生蛸のカルパッチョ
鮪のタルタル
牛肉のガーリック醤油焼き
ズッキーニのソテー
じゃが芋のピュレ
コーンバターライス
ミルクレープ

七夕月 46

蟹の長芋寄せ
無花果の豆乳ソースかけ
鱧と蓴菜のお椀
鯵の薬味豆腐あえ
冷しゃぶ
茄子と海老そぼろうま煮
胡瓜の胡麻あえ
枝豆御飯
水ようかん

Summer Party 52

栄螺のガーリック焼き
蛸と茗荷のマリネ
冬瓜のビッシソワーズ
牛肉のタイ風サラダ
鱸のソテーカレー風味タップナードソース
ラタトゥイユ
セージのバターケーキ

神無月 58

糸くらげと蟹菊花の酢の物
春菊と梨きのこの白あえ
松茸のお浸し
秋の味覚蒸し
鮭の竜田揚げ いくら卸しかけ
鮪のサラダ
わかめのお焼き
大根と帆立マヨネーズ
栗御飯
栗の葛まんじゅう

秋の中華 66

蛸と春菊のあえもの
牡蠣の中華風フリッター
蟹と小松菜のスープ
海老と黄韮の炒めもの
鮑と白菜のクリーム煮
東坡肉 豚バラ肉の角煮
肉まん
あんまん

Merry Christmas 72

カリフラワーのムースウニのゼリー寄せ
根菜のミネストローネ
牛肉の黒胡椒ソテー きのこのサラダ添え
オマール海老のテルミドール
紅芋マッシュ＆タラモ
栗と和三盆のロールケーキ クリスマス仕立て

迎　春

八寸色々
　だし巻卵
　芹の胡麻あえ
　黒豆
　鴨ロース
　数の子の松前漬け
　このわたの柔らか茶碗蒸し
かんぱちのお造り
鶏の丸揚げ醤油風味
蕪とカリフラワーの含め煮
海老芋の真砂揚げ青のりあんかけ
鯖鮨
苺とキウイのシャンパンゼリー

一年の始めに

今年もまた、新しい一年を迎えます。

我が家では、三十一日には丸干し、大根の煮物を食べ一年の無事を祝い、元旦の朝には家族が集まりお屠蘇を交わし、母から弟へそして私へと一年のあいさつをいたします。毎年のことですが、この時には心が引き締まり、新しい年への思いが膨らみます。

昔は大勢のお客様のごあいさつも受けましたが、最近は家族で静かなお正月を迎えます。

暮れから作ったお節は、少々今風にアレンジしてあります。お正月だけはお昼から、ご馳走とできたての新酒。お重箱も晴れの舞台を迎えます。

だし巻卵

材料

卵　3個
だし　50cc
砂糖　大匙1
淡口醤油　小匙½
サラダ油　少々

作り方

1 卵をよく溶きほぐし、だし、調味料を加え漉す。
2 卵焼き器にサラダ油をなじませ、卵液の¼量を流し込み、手前から巻いていく。これをあと3回繰り返す。
3 巻きすで形よく巻きあげる。

黒豆

材料

黒豆　1カップ
砂糖　70～80g
塩　小匙½
醤油　小匙1
重曹　小匙¼
金箔

作り方

1 豆は洗いザルにあげる。
2 厚手の鍋に湯3カップと調味料を合わせ、豆を入れて一晩つけ込む。
3 水を½カップ足し、中火よりやや弱めの火にかけ、アクをとりながら3～4時間ふっくらと煮込む。金箔を飾る。
※ 水分が足りなくなったら、水を足しながら豆の頭が煮汁から出ないように煮る。

芹の胡麻あえ

材料

芹　1束
白胡麻　50g
だし　30～50cc
淡口醤油　小匙1
味醂　少々

作り方

1 芹は熱湯に少量の塩を入れて湯がき、水にとる。水気を切り、3cmに切る。
2 胡麻はよくすり、だしでのばし、淡口醤油と少量の味醂で味を調え、芹とあえる。

数の子の松前漬け

材料

数の子　4本（一口大に切る）
京人参　1/4本（千切り）
切り昆布　15g　　するめ　15g
〈つけ汁〉　水　40cc
酒　10cc
砂糖　10g
濃口醤油　30cc
味醂　20cc
いくらの醤油漬け　適量

作り方

1 京人参と昆布は同じ長さの千切りにする。
2 つけ汁の調味料を合わせひと煮立ちし、1とするめ、数の子を混ぜる。
3 器に盛り、いくらの醤油漬けを飾る。
※つけ汁が足らなければ増やす。

【いくらの醤油漬け】

材料

筋子　300g
醤油　30cc
味醂　60cc
昆布　少々

作り方

1 筋子は手でほぐし、ザルにとる。
2 ぬるま湯で汚れをとる。
3 調味料に一晩以上漬け込む。

鴨ロース

材料

合鴨　1枚
酒　75cc
味醂　75cc
醤油　60cc
塩・胡椒　少々
溶き辛子　適宜

作り方

1 鴨は余分な脂を切り落とし、皮に放射線状に切り目を入れ、塩・胡椒をする。皮目のほうからフライパンで焼き、余分な脂を落とす。
2 小鍋に酒、味醂、醤油を合わせ、ひと煮立ちさせてボウルに移す。鴨を入れ、強火で7分蒸す。
3 蒸しあがったら調味料と鴨を別々にして冷まし、冷めたら鴨を戻して一晩つけ込む。鴨を薄切りにして溶き辛子を添える。

かんぱちのお造り

材料

かんぱち　300g
京人参　適量
胡瓜　適量
大根　適量
辛味大根　適量
卸し山葵　適量

作り方

1 かんぱちは薄造りにする。
2 京人参、胡瓜、大根は5mm角に切り、水に放ち水気を切る。
3 辛味大根を卸し、卸し山葵とともに添える。

このわたの柔らか茶碗蒸し

材料（作りやすい分量）

全卵　1個
卵黄　1個
だし　400cc
醤油　小匙1～
塩　少々
このわた　適宜
浅葱　少々（小口切り）

作り方

1 だしに調味料を加え、吸い物くらいに味をつけておく。
2 全卵と卵黄を1に加え、合わせて漉す。器に注ぎ、中火で6～7分蒸す。
3 蒸しあがったらこのわたを天盛りにし、浅葱をふる。

鶏の丸揚げ醤油風味

材料

鶏もも肉　3～4枚
花椒塩　適宜
〈つけ汁〉
　醤油　大匙5
　酒　大匙3
　味醂　大匙1
　砂糖　大匙1～2
　黒酢　大匙1～2
　胡麻油　大匙1
　生姜のすり卸し　大匙1
　蜂蜜　大匙2
　チキンスープ　大匙3
〈かけ汁〉
　醤油　大匙2～3
　酒　大匙2
　砂糖　小匙1
　味醂　大匙1
　胡麻油　小匙1
　生姜汁　小匙2
　黒酢　小匙1
　大蒜のすり卸し　小匙1
　葱　1本（みじん切り）
　赤唐辛子　1本
　白胡麻　大匙1
浅葱　少々（小口切り）

作り方

1 つけ汁は鍋に合わせ、半量に煮詰めておく。
2 鶏肉は熱湯をかけ、充分水分をとってから花椒塩をふる。つけ汁に鶏肉全体をつけて、3時間から一晩おく。
3 鶏肉の水気を切り、160℃の油でゆっくり揚げ、火が通ってきたら180℃くらいに上げ、キツネ色に仕上げる。
4 鶏肉を食べやすい大きさに切り器に盛り、浅葱をふる。かけ汁を添える。

蕪とカリフラワーの含め煮

材料

蕪　250g
カリフラワー　250g
チキンストック　100cc
バター　大匙1～2
塩・胡椒　少々
パセリのみじん切り　適宜

作り方

1 蕪は食べやすい大きさのくし切りにし、たっぷりの湯で2分程茹でる。
2 カリフラワーは小房に分け、たっぷりの湯で1分茹でる。
3 鍋にバターを溶かし、1と2をからめ、チキンストックを加え煮立てる。塩・胡椒をして水分を飛ばし、器に盛り、パセリのみじん切りをちらす。

鯖鮨

材料

鯖　1本
塩
酢（酢洗い用）
〈すし飯〉 米　1合
米酢　大匙1
砂糖　大匙1
白胡麻　大匙1～
大葉　1束（千切り）
バッテラ昆布　2枚
酢　50cc
水　50cc
砂糖大匙2～

作り方

1 すし飯を作る（雛祭 P.29 参照）。
2 鯖は三枚におろし、多めの塩をふり約3時間おく。
3 バッテラ昆布は、酢と同量の水に砂糖を好みの分量入れたもので、ことこと炊く。
4 鯖を酢洗いし、たっぷりの酢に1時間から2時間漬ける。
5 鯖をとりだし薄皮をひき、骨を抜く。身の中央に包丁を入れ、観音開きにする。
6 巻きすにラップを敷き、バッテラ昆布を敷き、鯖をおく。すし飯を棒状にまとめておき、巻きすでしっかりと巻く。

海老芋の真砂揚げ青のりあんかけ

材料

海老芋　2個
真砂　適宜
薄力粉　適宜
卵白　1個分
だし　400cc～
味醂　大匙1
淡口醤油　小匙1
塩　少々
青のり　適宜
吉野葛　大匙1（だし大匙2で溶く）
刻み柚子　適宜

作り方

1 海老芋は厚めに皮をむき、よく水洗いして水分をふきとる。
2 鍋に海老芋が充分つかる量のだしを加え、追いがつお10gをして火にかける。沸騰したら中火にし、味醂を加え20分程煮る。海老芋に竹串が通るようになったら塩少々と淡口醤油を加え、じっくりと弱火で煮含める。
3 海老芋の水分を切り、薄力粉と卵白をくぐらせ、真砂をつけて180℃の油で揚げる。
4 2の煮汁を漉し別量の淡口醤油小匙1、味醂小匙1を加えて味を調え、青のりを加える。だしで溶いた吉野葛でとろみをつけあんにする。器に海老芋を盛りあんをかけ、天盛りに刻み柚子を添える。

苺とキウイのシャンパンゼリー

材料

シャンパン　300cc
水　100cc
砂糖　¼カップ
レモン汁　½個分
ゼラチン　6g
苺・キウイ・みかん等お好みのフルーツ
黒豆
金箔

作り方

1 鍋に水、砂糖、レモン汁を加え煮立て、火を止め、水で戻したゼラチンを加え、粗熱をとる。
2 1の粗熱がとれたら、よく冷えたシャンパンを、少しずつ泡を消さないように混ぜ、シャンパンゼリーを冷蔵庫で冷やし固める。
3 お好みのフルーツにシャンパンゼリーをかけ、黒豆、金箔を飾る。

St. Valentine

とろとろカプレーゼ
魚貝の贅沢サラダ
蛤のスープ
豚フィレ肉のカツレツ赤ピーマンソース
温かい春野菜
レモン風味のバターライス
ケーキ・オ・ショコラ

魚貝の贅沢サラダ

材料

帆立貝　4個
車海老　8尾
赤貝　4個
うど　5cm
長芋　4cm
セルフィーユ・ミント・フェンネル等
わかめ（生）　100g
〈酢ゼリー〉
　水　500cc
　昆布　10cm角
　醤油・グラニュー糖　各大匙1
　米酢　大匙1
　塩　少々
　ゼラチン　10g

作り方

1 酢ゼリーを作る。昆布だしをとり、醤油、米酢、グラニュー糖、塩で調味し、水で戻したゼラチンを加え、冷蔵庫で冷やし固める。
2 うどはスライス、長芋は1cm角切りにし、ともに酢水に放つ。わかめは適度な大きさにカットする。
3 帆立貝は3枚にスライス、赤貝はひもをとり開き、車海老はサッと湯がき皮をむく。
4 器に1〜3をあえ盛り、セルフィーユなどを飾る。

とろとろカプレーゼ

材料

パパイヤ　½個
フルーツトマト　4個
バジル　5〜6枚
生ハム　4枚
リコッタチーズ　150g
牛乳　大匙1
黒胡椒　適宜
オリーブオイル　適宜
〈ドレッシング〉
　オリーブオイル　大匙2
　ワインビネガー　大匙1
　塩・胡椒　少々

作り方

1 トマトは湯むきにして6〜8等分、パパイヤは8等分にする。トマトとバジルをドレッシングであえる。
2 リコッタチーズを牛乳でのばし、柔らかくする。
3 パパイヤに、生ハム→リコッタチーズ→トマトの順で盛りつけ、バジルを飾り、黒胡椒、オリーブオイルをかける。

蛤のスープ

材料

蛤（大粒）　3個×人数分
玉葱　250 g
大蒜　2片
ベーコン　20 g
アーモンドスライス　大匙2
じゃが芋　150 g
スープストック　1 ℓ
生クリーム　50 cc
オリーブオイル　大匙1
ワイン　大匙2
三つ葉

作り方

1 玉葱は薄切り、大蒜とベーコンはスライス、じゃが芋は一口大に切る。
2 厚手の鍋にオリーブオイルを熱し、大蒜とベーコンを入れ、香りが出てきたら玉葱とアーモンドスライスを加え、色がつかないように炒める。
3 **2** にスープストックとじゃが芋を加え、じゃが芋が柔らかくなるまで煮る。
4 **3** からベーコンをとりだした残りを、ミキサーにかけ漉す。
5 蛤をワインで酒蒸しにしてとりだし、残った煮汁は **4** に加えて味を調え、生クリームを加え軽くひと煮立ちさせる。器によそい、三つ葉を飾る。

豚フィレ肉のカツレツ赤ピーマンソース

材料（4人分）

豚フィレ肉　400 g
〈赤ピーマンソース〉
　赤ピーマン　大1個
　玉葱　25 g
　じゃが芋　50 g
　スープストック　250 cc
　バター　適宜
　塩・胡椒・パプリカ　各少々
ベビーリーフ　1袋
パルメジャーノ　大匙2
小麦粉・溶き卵・パン粉
オリーブオイル　50 cc ～
バター　大匙1
塩・胡椒　少々

作り方

1 赤ピーマンソースを作る。赤ピーマンは表面を焼き、皮をむく。玉葱はスライスし、バターを熱した鍋でよく炒める。皮をむいてスライスしたじゃが芋を加え更によく炒め、赤ピーマン、スープストックを加え軽く煮込む。ミキサーにかけ、塩・胡椒で味を調える。パプリカを少量加えると、色が引き立つ。
2 豚肉は斜めに切り、軽くたたく。塩・胡椒をふり、小麦粉、溶き卵、パン粉をつける。
3 フライパンにオリーブオイルとバターを熱し、油をかけながら **2** を焼く。
4 皿に **1** を敷き、**3** とベビーリーフ、パルメジャーノをのせ、最後に塩・胡椒、オリーブオイルをかける。

温かい春野菜

材料

スナックえんどう　8本
いんげん　8本
そら豆　4〜5個
菜の花　1束
蕪　2個
生椎茸　小4個
オリーブオイル　大匙2〜3
バター　大匙1

作り方

1 豆類、菜の花はたっぷりのお湯に少量の塩を入れ硬めに茹で、ザルにあげる。
2 蕪は茎をつけたまま4〜6等分に切り、軽く茹でる。生椎茸は4等分に切る。
3 フライパンにオリーブオイルとバターを溶かし、硬いものから順に炒める。

レモン風味のバターライス

材料

米　2.5カップ
水　400cc
ドライベルモット　50cc（なければ水）
塩　小匙1弱
バター　大匙2〜3
レモン表皮の千切り　1個分
パセリみじん切り　少々

作り方

1 米は洗ってザルにあげ、30分程おく。
2 鍋に1と水、ドライベルモット、塩、バターを入れ強火にかける。沸騰したら中火にし蓋をして15分炊く。よく蒸れたところに、レモンの表皮とパセリのみじん切りを加える。

ケーキ・オ・ショコラ

材料（18cm 丸型 1 台）

こしあん　150g
生クリーム　大匙 3
クーベルチュールチョコレート　35g
カカオマス　15g
無塩バター　35g
卵黄　3 個
アーモンドパウダー　75g
卵白　3 個
グラニュー糖　50g
ぬれ納豆　100g
ラム酒　大匙 2

作り方

〈型の下準備〉
型の内側に溶かしたバターを塗り、冷蔵庫で冷やす。冷えたら強力粉をはたき、余分な粉は落とす。底には紙を敷く。
※バター・強力粉は分量外

1 ボウルで、こしあんと生クリームを混ぜる。
2 クーベルチュールチョコレートとカカオマス、無塩バターを湯煎にかけて溶かし、混ぜる。
3 1 に 2 を入れて混ぜ合わせる。卵黄を 1 個ずつ加えて混ぜ、アーモンドパウダーを加えもう一度混ぜる。
4 別のボウルで卵白を泡立て、砂糖を 3 回に分けて加え、固いメレンゲを作る。
5 3 のボウルに 4 の $\frac{1}{3}$ 量を加えよく混ぜ、残りを立て直してから加え、混ぜる。
6 下準備しておいた型に 5 を $\frac{1}{3}$ 量流し入れ、ぬれ納豆を全体にちらし、残りの生地を流し入れ、空気を抜く。180℃のオーブンで 20 分焼き、オーブンの温度を 170℃に下げて更に 10 分焼く。
7 焼き上がったらアルミホイルで蓋をして型からはずし、冷めたらラム酒を表面に塗る。

St. Valentine

まだ外は寒い日が続きますが、この二月の声を聞くと、もう街中はチョコレートであふれかえります。

いつの頃からでしょうか、ほのかな乙女心をチョコレートに託して伝えるようになったのは……お菓子屋さんが始めたとはいえ、なんと素敵な習慣でしょう。世の中の女性は、この二月十四日を心待ちにしているようになりました。

今日は我が家に古くからある和の器にイタリアンをのせて、賑やかなバレンタインパーティーの始まりです。もちろん、お客様は素敵な男性を交えて……。

雛　祭

鳥貝とグレープフルーツのあえもの
筍の木の芽あえ
菜の花と浅蜊の辛子あえ
海老真薯の椀　桜うど
方々の焼霜
新じゃが芋の揚煮
切干し大根と豚肉の常備煮
散らし
桜餅

おひな様

三月はなんといってもおひな様。女性がもっとも心待ちにしているお祭りの一つです。我が家も床の間にひな軸をかけ、一年ぶりにおひな様と対面です。

このひな軸は、母が生まれた時に、初めての女の子の誕生を祝して、祖父が絵師石河有鄰に描いていただいたものだそうです。そして母とともに林家に嫁いできました。今ではめずらしく、三幅になっています。

子供の時は、母が作ってくれたひな寿司が、おひな様のお決まり。ひな軸をかけると、いつもその頃のことを思い出します。

私のおひな様は、京彫り、井尻茂子作。桃の花を飾り、箱瀬先生の遠山の高台に散らしを盛って、走りの筍の木の芽あえ。海老真薯のお椀には、桃色に染め上げた花びらを散らしました。雛祭の宴の始まりです。

筍の木の芽あえ

材料

筍
木の芽　20g
法蓮草　葉1枚
〈玉味噌〉(作りやすい分量)
　白味噌　100g
　酒　20cc
　砂糖　20g
　卵黄　1個

作り方

1 玉味噌を作る。鍋に白味噌、酒、砂糖を入れ火にかけ、木ベラで練り、水分を飛ばす。粗熱をとり、卵黄を加える。
2 下茹でした筍は、1cm角に切る。
3 木の芽は飾り用をとりおき、残りは葉のみをちぎり、法蓮草とすり鉢でする。
4 すり鉢に玉味噌を大匙2〜3入れ、筍をあえる。
5 木の芽を添える。

鳥貝とグレープフルーツのあえもの

材料

鳥貝　8枚
グレープフルーツ　½個
貝割れ大根　1パック
酢

作り方

1 鳥貝は酢洗いし、食べやすい大きさに包丁を入れておく。
2 貝割れはサッと湯がいて水にとり、3cmに切る。
3 グレープフルーツは房出しをし、小口にする。
4 1〜3をあえる。

菜の花と浅蜊の辛子あえ

方々の焼霜

材料

方々
わかめ（生）
山葵
菜の花

作り方

1 方々は皮目を焼き、冷水にとる。
2 わかめは塩を流し、サッと湯がいて冷水にとり、1cm ぐらいに切る。
3 方々とわかめを盛り、卸し山葵と茹でた菜の花を添える。

材料

菜の花　1束
浅蜊　100g
だし　大匙1程度
酒　100cc
淡口醤油　小匙1程度
辛子　少々

作り方

1 菜の花は水につけ、水分を充分含ませる。
2 浅蜊を、酒と少量の淡口醤油で酒蒸しにし、むき身にしておく。蒸し汁とともに浸しておく。
3 菜の花をたっぷりの湯でサッと茹で、冷水にとる。軽く絞り、水気を切り、花の部分のみ使う。
4 2と3を、蒸し汁、だし、辛子で調味しあえる。

海老真薯の椀　桜うど

材料

海老　75g
すり身　25g
卵白　½個分
酒　小匙1〜2
塩　少々
うど
木の芽
白醤油
塩
食紅（赤）
〈だし〉
　水　1.8ℓ
　昆布　10cm角
　削り節　30g

作り方

1　海老は殻をむき、背わたをとる。
2　フードプロセッサーに海老をかけ、すり身を加え、卵白、酒、塩も加えてよくかける。4個に分け、ラップに包み丸める。
3　2を強火の蒸し器で、5〜6分蒸す。
4　だしを少量の白醤油、塩で調味する。お椀に海老真薯、だしをはり、木の芽と赤い食紅で染めたうどをちらす。

新じゃが芋の揚煮

材料

新じゃが芋　8〜12個
鶏もも肉　1枚
〈鶏の下味〉
　酒・味醂・濃口醤油　各大匙1
グリンピース　½カップ
小麦粉
〈煮汁〉
　だし汁　500cc
　酒　大匙3
　味醂　大匙2
　砂糖　大匙1
　濃口醤油　大匙3
吉野葛　大匙1
だし汁　大匙2

作り方

1 新じゃが芋は皮をむかずにきれいに洗い、竹串が通るくらいに蒸す。
2 鶏肉は2cm角に切り、下味をつけておく。
3 グリンピースは熱湯でサッと湯がく。
4 1の新じゃが芋の水気を切って揚げ、半割りにする。
5 鶏肉の水気を切り、小麦粉をつけて揚げる。
6 鍋に煮汁を煮立て、4と5を加えひと煮立ちしたら、だし汁で溶いた吉野葛でとろみをつけ、グリンピースを加える。

切干し大根と豚肉の常備煮

材料

切干し大根（五島三菜）　50g
豚ロース肉　100g
〈煮汁〉
　だし汁　300cc
　酒・味醂　各大匙1
　醤油　大匙1.5
　砂糖　大匙1

作り方

1 切干し大根はたっぷりの水で戻し、ザルにあげ、熱湯をかける。
2 豚肉は1cm幅に切る。
3 鍋に煮汁を沸騰させ、豚肉を1枚ずつちらすように入れ、ひと煮立ちさせる。切干し大根を加え、煮汁がなくなるまで煮詰める。

散らし

材料

米　3合
じゃこ　100g
米酢・砂糖　各大匙3

【具】

〈椎茸〉
　干椎茸(戻したもの)　100g
　戻し汁　100cc
　酒・味醂・濃口醤油・砂糖　各大匙2

〈油揚〉
〈京人参〉
〈干瓢〉
　干瓢(戻したもの)　100g
　だし汁　300cc
　酒・味醂・砂糖・醤油　各大匙2
〈穴子〉
　穴子　1尾
　酒・醤油　各100cc
　砂糖　100g
　水　1ℓ

〈錦糸卵〉
　卵　6個
　砂糖　大匙1
　塩　少々
　片栗粉・水　各大匙1
〈車海老〉
　茹でて皮をむいたもの
〈いくら〉
〈菜の花〉湯がいたもの

桜餅

材料（8～10個分）

〈皮〉

薄力粉　40g

水　100cc

砂糖　20g

食紅　少々

こしあん

桜葉塩漬け

サラダ油

作り方

1 ふるった薄力粉を水で溶き、砂糖を加えよく混ぜ、食紅を加え、30分おく。

2 フライパンに少量の油をなじませ、小判型になるように1を流し焼く。

3 こしあんを丸め、2の皮で包んだら、桜葉で巻き包む。

作り方

1 米は炊く30分程前にはよく洗い、ザルにあげておく。

2 炊きあがったら10分程蒸らし、充分に水分を含ませた飯台にご飯をあけ酢をうち、じゃこを加え、団扇であおぎ米につやをだす。

3 熱いうちに、椎茸、油揚、京人参、干瓢を加え混ぜる。

4 お椀に酢飯を盛り、たっぷりの錦糸卵をかけ、穴子、車海老、いくら、菜の花を飾る。

〈椎茸〉

干椎茸は一晩たっぷりの水で戻し、石づきをとる。鍋に戻し汁、酒を入れて火にかけ、沸騰したらアクをとる。干椎茸、砂糖、醤油を加え、煮汁がなくなるまでゆっくり煮詰め、味醂を加え照りをつける。冷めたら細切りにする。

〈油揚・京人参〉

油揚は熱湯をくぐらせ油抜きをして細切りにする。人参も細切りにし、椎茸の煮汁をだしで薄めて、煮詰める。

〈干瓢〉

干瓢はたっぷりの水で戻し、2倍に膨らんだら水気を切り、塩で揉む。水で塩を洗い流し、水気を切り、たっぷりの湯で湯がく。鍋に味醂以外の材料を煮立て、干瓢を加えゆっくりと煮含め、仕上げに味醂を加える。冷めたら2cmに切る。

〈穴子〉

穴子は熱湯をかけ、包丁の背でぬめりをとり、しごき、水洗いする。これを繰り返す。鍋に調味料を沸騰させ、穴子を背のほうから入れて煮る。冷めたら一口大に切る。

〈いくら〉

醤油漬けにする（迎春P.9参照）。

〈錦糸卵〉

卵に砂糖、塩、水溶き片栗粉を加え溶きほぐし、漉す。薄焼き卵を焼き細く切る。

お花見会

プチトマトのマリネ
鰹のたたき
人参の金平
浅蜊のおから
茄子の揚げ煮ひたし
ブロッコリーとドライトマトの炒め物
南瓜といいんげんの蒸し煮
焼肉
五平餅
珈琲あんみつ

等々

鰹のたたき

材料

生鰹
卸し生姜
うど（千切り）
茗荷（千切り）

〈ポン酢〉
柑橘酢　200cc
酢　150cc
濃口醤油　200cc
溜醤油　30cc
煮切り酒　50cc
削り節　10g
昆布　3g

作り方

1 鰹は柵どりし、皮目に軽く塩をふってバーナーで焼き、氷水に3～4分つけて水気を切る。血合いをとり、平切りにしたら、卸し生姜を盛り、たたくように塗りつける。
2 器に鰹、うど、茗荷を盛りつけ、ポン酢を添える。

〈ポン酢〉すべての材料を合わせ、煮切り、漉す。

プチトマトのマリネ

材料

黄色のプチトマト　10個
赤色のプチトマト　20個
ミント
〈ドレッシング〉
　ワインビネガー　100cc
　オリーブオイル　200cc
　塩・胡椒・砂糖　各小匙1

作り方

プチトマトは湯むきし、ドレッシングに半日漬けおく。ミントの葉を飾る。

※ P.31～35のレシピはパーティー用の分量です。

浅蜊のおから

材料

A｜浅蜊　300g
　｜水　200g
B｜おから　100g
　｜サラダ油　50cc
C｜味醂　30cc
　｜酒　50cc
　｜砂糖　大匙1〜
　｜淡口醤油　小匙1〜
D｜人参　½本（千六本）
　｜生椎茸　4枚（薄切り）
　｜こんにゃく　½枚（細切り）

三つ葉　½袋（3〜4cmに切る）

作り方

1 鍋にAを入れ火にかけ、浅蜊の口が開いたら煮汁と貝を分け、貝は殻から身をはずす。
2 別の鍋にBを入れ、おからに油がまわったらCを入れる。
3 2の鍋に浅蜊の煮汁とDを入れ、水分がなくなるまで煮詰める。
4 器に盛り、貝の身と三つ葉を飾る。

人参の金平

材料

人参　2本
辛子明太子　小1腹
だし　少々
胡麻油　適宜
濃口醤油　大匙½
黒胡麻　少々

作り方

1 人参は千六本に切る。明太子は皮からはずし、少量のだしを加えておく。
2 鍋を熱し、胡麻油で人参を炒め、醤油を加えてしんなりしてきたら明太子を加える。
3 明太子がプチプチ音をたてたら出来上がり。器に盛り黒胡麻をふる。

茄子の揚げ煮ひたし

材料

茄子　2本

黄ピーマン　½個

赤ピーマン　½個

〈合わせ調味料〉　だし　400cc

味醂　50cc

淡口醤油　50cc

鷹の爪　1本

作り方

1 ピーマンはヘタと種をとり、棒状に切る。茄子はヘタを落とし、縦に四等分にしてから適当な大きさに切る。

2 合わせ調味料を鍋で煮立てておく。

3 約160℃の油でピーマンは短時間、茄子は柔らかくなり焦げ色がつくまで揚げる。

4 氷水につけたボウルに合わせ調味料を入れ、揚げたものを移して冷ます。このまま半日程冷蔵庫に入れて漬け込む。

ブロッコリーとドライトマトの炒め物

材料

ブロッコリー　1株

ドライトマト　5～10個（みじん切り）

大蒜　1～2個（みじん切り）

オリーブオイル

塩・胡椒

作り方

1 ブロッコリーは小房にし茹でて、冷水にとる。

2 鍋にオリーブオイルを熱し、大蒜を炒め、ブロッコリー、ドライトマトも加えて炒め、塩・胡椒で調味する。

焼肉

材料

牛ロース
〈焼肉のたれ〉
　溜醤油　50cc
　酒　20cc
　砂糖　大匙2

注意

たれを作り、肉を15分程漬け込む。辛くなるので、長く漬け込まないよう気をつける。

南瓜といんげんの蒸し煮

材料

南瓜　1個（厚さ1cmのくし切り）
いんげん　1パック（茹でる）
玉葱　½個（スライス）
バター　大匙3
パセリのみじん切り

作り方

1 鍋にバターを溶かし、玉葱がしんなりするまで炒め、南瓜を加える。
2 蓋をして蒸し煮し、南瓜に竹串が通るくらいになったら、いんげんを加える。パセリのみじん切りを飾る。

五平餅

材料

米10：もち米1
〈たれ〉　砂糖　1カップ
　ピーナッツや好みのナッツ類　適宜
　胡桃　適宜
　胡麻　適宜
　濃口醤油　200cc
　味醂　200cc
　鰹の粉　100g

作り方

1 米ともち米をよく洗いザルにあげ、30分程おいて炊く。
2 炊きあがった米を軽く搗き、団子状にし、串に刺す。炭火で焼きあげ、たれを両面につける。

〈たれ〉
ナッツ類をフードプロセッサーにかけ、砂糖、醤油、味醂、鰹の粉を加え、もう一度フードプロセッサーにかける。

珈琲あんみつ

材料

〈抹茶寒天〉
寒天　½本
水　700cc
砂糖　50g
抹茶　大匙1～2

〈珈琲ゼリー〉
インスタント珈琲　700cc
砂糖　ひとつまみ
ゼラチン　12g

黒蜜　1人大匙1～2
うぐいすあん　1人大匙1～2

作り方

1 水で戻したゼラチンを、温かい珈琲に入れて溶かし、砂糖を入れ、粗熱をとり、冷蔵庫で冷やし固める。
2 一晩水につけておいた寒天の水をよく切り、分量の水で煮溶かす。
3 抹茶は、少量のお湯で溶いておき、寒天が溶けた2に加え煮溶かす。粗熱をとり冷ます。
4 器に珈琲ゼリー、抹茶寒天、うぐいすあんを盛り、黒蜜をかける。

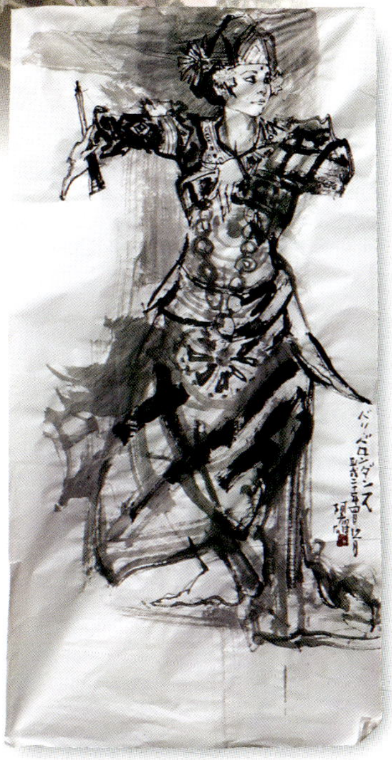

春の田楽 Party

毎年桜の咲く頃に、中庭で田楽パーティーをします。

私が子供の頃は、庭に茣蓙を敷き、長火鉢を並べての宴会でした。お料理は自家製の五平餅と豆腐田楽、採れたての筍と山菜でしたが、今は少々趣向を変えて、中庭にガーデンテーブルを並べ、日頃のお教室での人気メニューをパーティーメニューに変えて大皿料理にします。けれども、メインはやはり自家製の五平餅。

皆様が、桜が満開になる頃を、楽しみに待っていてくれます。パーティーには小さな子供達もいっぱい遊びに来てくれます。お庭は笑顔と笑い声で溢れます。

今年は水墨画家の田家阿希雄先生もゲストでいらしてくださいました。先生の即興パフォーマンスの絵もとても素敵でした。

漆器

箱瀬淳一先生をお迎えして

箱瀬先生の器に初めて出合ったのはいつのことでしょう。

友人宅で出された冷たい稲庭うどん。高台のお椀に遠山の蒔絵、その手触り口当たり、そしてそのなんともいえない美しい形。今でもその時の驚きを覚えております。

それから二十年、食器棚には多くの先生の作品が並ぶようになり、毎日の食卓を楽しませてくれることとなりました。

今日は輪島から先生をお招きして、新しい作品でのお食事会。

日頃のお教室のメニューを、先生の器の数々に盛りつけていきます。会場には新作の展示コーナーも設けました。

今回は、小原和紙工芸作家の福岡洋介さんの作品を床の間に飾りました。輪島塗と小原和紙、日本の伝統工芸のコラボレーションです。

第33回
輪島うるし工芸展
■会期／10月2日(木)↓7日(火)
(最終日は午後5時30分終了)

輪島うるし工芸展にて
テーブルコーディネイトと
トークショー

トークショー
林 容子 先生による
「海外での漆の様子について」
楽しませたり、驚かせたり
【開催日時】10月2日(木) 11:30〜
10月4日(土) 13:30〜
各日20名様限り

Awaited Summer

オニオンのパイ
トマトの冷製スープ　生蛸のカルパッチョ
鮪のタルタル
牛肉のガーリック醤油焼き
ズッキーニのソテー
じゃが芋のピュレ
コーンバターライス
ミルクレープ

オニオンのパイ

材料

玉葱　500g（スライス）
大蒜　1～2片（スライス）
ブーケガルニ　2～3枚
オリーブオイル　大匙2
塩・胡椒　少々
アンチョビ　½缶（1cmに切る）
オリーブ　適量（輪切り）
オリーブオイル　仕上げ分
パイ生地　100g

作り方

1 オリーブオイルで、玉葱、大蒜、ブーケガルニを一緒に40～50分炒め、ブーケガルニをとりだし、塩・胡椒で調味する。
2 パイ生地を20cm×20cmに伸ばし鉄板に移す。重しをして180℃で5～7分空焼きし、更に重しをはずし5分焼く。
3 2に玉葱とアンチョビ、オリーブを広げ、オリーブオイルをかけ、更に20分焼く。熱々を食する。

トマトの冷製スープ 生蛸のカルパッチョ

材料

トマト　600g
胡瓜　⅓本（5mm角に切る）
オリーブオイル　60cc
ワインビネガー　大匙2
生蛸　適宜
レモン汁　1個分
塩・胡椒　少々
ブラックペッパー　少々

作り方

1 トマトは湯むきをして種をとり、ミキサーにかけ漉す。オリーブオイル、塩・胡椒、レモン汁、ワインビネガーで味を調える。
2 生蛸は削ぎ切りして、塩・胡椒、少量のオリーブオイルであえる。
3 1を器に注ぎ、蛸と胡瓜を飾る。
4 ブラックペッパーをふる。

鮪のタルタル

材料

鮪　100g

帆立貝　2個

とびこ　大匙2

アボガド　½個

玉葱　大匙3（みじん切り）

枝豆（茹でてさやから出したもの）　½カップ

イタリアンパセリ・チャイブ（各みじん切り）

レモン汁　1個分

塩・胡椒　少々

〈フレンチドレッシング〉

　塩・胡椒　少々

　ワインビネガー　大匙1

　オリーブオイル　大匙4

　マスタード　小匙½

パン

飾りチャイブ

作り方

1 鮪は塩をして15分程おき身をしめる。レモン汁でマリネにしておく。

2 帆立貝、鮪、アボガドを5mm角に切る。塩・胡椒をする。

3 すべてをフレンチドレッシングであえ、皿に盛り、チャイブを飾る。パンを添える。

コーンバターライス

材料

とうもろこし　1本

米　2合

水　360cc

バター　大匙2

塩・胡椒　少々

パセリのみじん切り

作り方

1 とうもろこしは茹で、身をとりおく。

2 米はよく洗い、30分程ザルにあげておく。

3 鍋に米、とうもろこし、バター、水を入れる。水加減をみて、塩・胡椒をし、火にかける。沸騰したら蓋をして、中火で15分炊く。

4 パセリのみじん切りをふる。

牛肉のガーリック醤油焼き　ズッキーニのソテー　じゃが芋のピュレ

【牛肉のガーリック醤油焼き】

材料

牛肉（ステーキ用）　1人80g
塩・胡椒
オリーブオイル・バター　各大匙2
バター　大匙2～3
大蒜スライス　2片分
醤油　大匙1
パセリのみじん切り

作り方

1 牛肉は塩・胡椒をして室温におく。
2 フライパンにオリーブオイルとバター各大匙2を加え肉を焼き、ミディアムに火を入れる。肉をとりだし余分な脂を捨て、バターと大蒜を加え、大蒜が色づいたら醤油、パセリを加え、再び肉を戻し肉にからめる。

【ズッキーニのソテー】

材料

ズッキーニ　1本
オリーブオイル

作り方

ズッキーニは皮をむき1cmの輪切りにし、さっと茹で、オリーブオイルでソテーする。

【じゃが芋のピュレ】

材料

じゃが芋　中2個
牛乳・生クリーム　各150cc
無塩バター　大匙2
塩　少々

作り方

1 じゃが芋は皮付きのまま竹串が通るくらいまで茹でる。皮をむき裏漉す。
2 鍋に牛乳、生クリーム、無塩バターを温め、1を入れ、木ベラでむらなく混ぜ、塩で調味する。

仕上げ

皿にじゃが芋のピュレを敷き、牛肉を皿の中央に盛り、まわりにソテーしたズッキーニを添える。フライパンに残ったガーリックソースをかけ、大蒜チップを飾る。

ミルクレープ

材料（23cm 丸型 1 台）

〈クレープ生地〉
薄力粉　75g
グラニュー糖　35g
塩　少々
溶かしバター（無塩）　15g
牛乳　250cc
卵　2 個

〈カスタードクリーム〉
牛乳　300cc
グラニュー糖　90g
薄力粉　30g
卵黄　3 個
バニラビーンズ　1 本
生クリーム　150g
グラニュー糖　大匙 1

〈仕上げ・生地の中〉
シナモン

作り方

1 生地を作る。卵と砂糖を合わせ、薄力粉と塩をふるい入れる。牛乳、バターを加え混ぜ、半日以上冷蔵庫で寝かせる。クレープパンで 10 〜 12 枚焼いていく。
2 カスタードを作る。バニラビーンズのさやを縦に割り広げ、中の黒い粒をしごきだし、鍋に牛乳と一緒に入れ、人肌に温める。
3 ボウルに卵黄、砂糖を混ぜ、薄力粉をふるい入れる。2 を加え、再び鍋に戻し火を入れていく。木べラで鍋底から撹拌する。粗熱をとり冷ます。
4 生クリームに砂糖大匙 1 を加え泡立てる。
5 3 に 4 を加える。
6 1 を型に 1 枚敷き、クリーム、シナモン、クレープと重ねていく。
7 冷蔵庫で 1 時間以上寝かせたのち、型からはずし、シナモンをふり仕上げる。

七夕月

蟹の長芋寄せ
無花果の豆乳ソースかけ
鱧と蓴菜のお椀
鯵の薬味豆腐あえ
冷しゃぶ
茄子と海老そぼろうま煮
胡瓜の胡麻あえ
枝豆御飯
水ようかん

蟹の長芋寄せ

材料

蟹の身　50g
酒　大匙1
オクラ　2本
寒天　½本
ゼラチン　小匙1
だし　180cc
塩・淡口醤油　少々
長芋　150g
〈かけ汁〉
　レモン汁・淡口醤油・煮切酒・煮切味醂
　各大匙1
梅干　1粒（種を除きたたく）
菊花

作り方

1 蟹は身をほぐして酒をかけておく。オクラは湯がき、輪切りにする。
2 寒天とゼラチンは水に戻しておく。
3 だしを温め塩と醤油で調味し、2を加える。
4 皮をむいて卸した長芋に3を流し入れ蟹を混ぜる。流し缶に入れ、上にオクラを飾り、冷蔵庫で冷やし固める。
5 かけ汁を作り、4を切り分ける。器に盛り、梅肉と菊花を天盛りにする。

無花果の豆乳ソースかけ

材料

無花果　2個
〈豆乳ソース〉（作りやすい分量）
　豆乳　150cc
　練り胡麻　20g
　だし　150cc
　ゼラチン　2.5g（水で戻しておく）
　醤油　小匙1
　味醂　大匙1

作り方

1 鍋に豆乳と練り胡麻を合わせ、だしでのばし、醤油、味醂で調味する。火にかけ、沸騰したら火を止め、ゼラチンを加え、冷蔵庫で固める。
2 無花果は熱湯に通し、冷水にとり皮をむく。
3 無花果を4等分し器に盛り、豆乳ソースをかける。

鰺の薬味豆腐あえ

材料

鯵　1尾
玉葱　¼個
〈あえ衣〉（作りやすい分量）
　豆腐　¼丁
　青紫蘇　5枚
　茗荷　1個
　葱　1本
　生姜・大蒜　各1片
　山葵　適宜
　ポン酢　大匙1

作り方

1 鯵は三枚におろし皮をひき、骨を抜いたら、できるだけ薄く切る。玉葱はスライスし水に放つ。
2 豆腐を布巾に包み、水を切っておく。
3 あえ衣を作る。すべての野菜をバーミックスにかける。ポン酢を加え、最後に豆腐を加え滑らかなソースにする。
4 器に水気を切った玉葱を敷き、鯵の上からあえ衣をかける。

鱧と蓴菜のお椀

材料

鱧
蓴菜　適宜
〈だし〉
　水　1ℓ
　昆布　20～30g
　鰹節　30g
白醤油　適宜
塩　少々
梅干　1粒（種を除きたたく）
酢橘

作り方

1 鱧は熱湯をくぐらせ冷水にとり、水気を切る。蓴菜も熱湯をくぐらせる。
2 だしを白醤油と塩で調味し、1を加える。天盛りに梅肉、吸い口に酢橘を添える。

茄子と海老そぼろうま煮

材料

茄子　4〜5本
海老　200g
茗荷　2個
〈合わせ地〉
　醤油・淡口醤油　各大匙2
　味醂　大匙4
サラダ油　大匙2
だし　500cc
水溶き片栗粉

作り方

1 茄子は皮目に切れ目を入れ一口大に切り水に放つ。茗荷は小口に薄切りし水に放つ。
2 海老は殻をむき、包丁でたたきミンチ状にし、合わせ地につけておく。
3 鍋にサラダ油を入れ、海老を合わせ地ごと加える。色づいたら茄子とだしを加え、沸騰したら火を弱め煮詰める。水溶き片栗粉でとろみをつけ器に盛る。
4 茗荷を天盛りにする。

冷しゃぶ

材料

牛肉（しゃぶしゃぶ用）
水　800cc
昆布　5cm角
葱（青い部分）　5cm位
酒　50cc
〈胡麻だれ〉
　練り胡麻　大匙4
　卸し大蒜　1片分
　砂糖　小匙1
　醤油　大匙1
　レモン汁　大匙1
　昆布だし　200cc〜
〈ポン酢〉
　昆布だし　150cc
　レモン汁　100cc
　醤油　50cc
　砂糖　大匙1
野菜
　人参・胡瓜・茗荷・貝割れ大根等

作り方

1 野菜は千切りにして水に放ち、水気を切る。
2 たれを合わせる。
3 鍋に水、昆布、葱、酒を入れ一度沸騰させ、70〜80℃くらいで牛肉をサッと霜降りにして氷水にとり、流すようにして布巾で水分をとる。

枝豆御飯

材料

枝豆（さやから出して）　1カップ位
米　3合
だし　500cc
酒　40cc
塩　少々
白胡麻

1 米は洗い、30分程ザルにあげておく。
2 枝豆は塩茹でして、さやからだし、乱みじんに切る。
3 だし、酒、塩少々で米を炊き、炊きあがったら枝豆と白胡麻を混ぜる。

胡瓜の胡麻あえ

材料

胡瓜　3本
塩　小匙1
〈あえ衣〉　白すり胡麻　30g
一番だし　小匙1
酢　40cc
砂糖　15g
濃口醤油　小匙2

作り方

1 胡瓜は薄い輪切りにして塩をまぶす。水分をだしきるように揉み、水にさらしてからキッチンペーパーでしっかり絞る。
2 あえ衣の材料をすべて合わせ、胡瓜とあえる。

水ようかん

材料

寒天　½本
水　350cc
こしあん　300g
砂糖　30g

1 寒天は一晩水につけ戻す。
2 鍋に砂糖と水を入れ煮溶かし、こしあんを入れ木ベラでよく混ぜる。
3 2に水気を切り細かくさいた寒天を加えて火にかけ、完全に溶かす。流し缶に入れ粗熱をとり、冷蔵庫に入れ冷やす。

Summer Party

栄螺のガーリック焼き
蛸と茗荷のマリネ
冬瓜のビッシソワーズ
牛肉のタイ風サラダ
鱸のソテーカレー風味タップナードソース
ラタトゥイユ
セージのバターケーキ

栄螺のガーリック焼き

材料

栄螺　4個
〈ガーリックバター〉
　バター　75g
　大蒜　20g
　エシャロット　15g
　パセリ　10g
　パルメジャーノ　10g
　白ワイン　大匙1
　塩・胡椒・カイエンヌペッパー　各少々
パン粉

作り方

1 ガーリックバターを作る。バターを室温におき、大蒜、エシャロット、パセリはみじん切り、パルメジャーノはすり卸し、すべての材料を混ぜる。
2 栄螺は熱湯で5〜6分程茹で、殻からはずす。わたをとり、4〜5個に切り分ける。
3 殻にガーリックバター約10g、栄螺、ガーリックバター約10gの順に入れ、パン粉をふり、上火のきいた強火のオーブンでバターを溶かし、パン粉に焦げ目をつける。

蛸と茗荷のマリネ

材料

蛸　200g
茗荷　3本
大葉　1束
胡瓜　½本
ディル　2〜3本
〈マリネ液〉
　マスタード　15g
　レモン汁　50cc
　オリーブオイル　50cc
　塩・胡椒　少々

作り方

1 蛸は薄くそぎ切り、茗荷、大葉は千切り、胡瓜は千六本に切る。野菜はすべて水に放つ。
2 野菜は水気をよく切り、蛸とマリネする。

冬瓜のビッシソワーズ

材料

冬瓜　¼個　　長芋　¼本
玉葱　½個　　オクラ　1本
チキンストック　600cc
牛乳（又は豆乳）50～100cc
塩・胡椒　少々
オリーブオイル

作り方

1 冬瓜は厚めに皮をむき、おおまかに切る。長芋は皮をむき輪切りにする。玉葱はスライスする。
2 1とチキンストックを鍋に入れ火にかける。沸騰したら弱火にして30分くらい煮る。ミキサーにかけ、漉す。牛乳を加え、塩・胡椒で味を調え、冷ます。
3 よく冷やした器にスープを注ぎ、浮身に湯がいて輪切りにしたオクラと少量のオリーブオイルを飾る。

牛肉のタイ風サラダ

材料

牛肉　400g
トマト　1パック
いんげん　10本
セロリ　½本
玉葱　½個
春雨　½束
ラディッシュ
レタス
塩・胡椒　少々
〈タイ風ドレッシング〉
　生姜のすり卸し　大匙1
　大蒜のすり卸し　小匙1
　スペアミントのみじん切り　大匙1
　青唐辛子のみじん切り　1本分
　砂糖　大匙1
　ナンプラー　大匙3
　レモン汁　1個分
　水　大匙1

作り方

1 トマトは湯むきをして、半割りにする。いんげんは熱湯で塩茹でし冷水にとり、半分に切る。ラディッシュ、セロリ、玉葱はスライスし、レタスは一口大にちぎり、一緒に水に放つ。
2 春雨は湯がいて、水にさらしておく。
3 牛肉は室温におき、塩・胡椒をし、フライパンを温め、牛肉の表面に焼き目をつける。しばらくおいてから、スライスする。
4 1、2、3をタイ風ドレッシングであえ、器に盛る。

ラタトゥイユ

材料

玉葱　1個
トマト　3～4個
茄子　2本
ズッキーニ　1本
赤・黄ピーマン　各1個
大蒜　1片
タイム　少々
オリーブオイル
塩・胡椒　少々

作り方

1 玉葱はスライス、トマトはくし切り、茄子・ズッキーニは輪切り、赤・黄ピーマンは拍子切り、大蒜はみじん切りにする。
2 フライパンにオリーブオイルを熱し、大蒜と玉葱を炒める。玉葱がしんなりしてきたら、赤・黄ピーマンとタイムも加えて炒め、一度とりだす。
3 フライパンにオリーブオイルを足し、茄子とズッキーニを炒め、しんなりしたら**2**を戻し、トマトも加え、全体がしんなりするまで煮詰めたら、塩・胡椒で調味する。

鱸のソテーカレー風味 タップナードソース

材料

鱸（三枚おろし）
塩・胡椒・カイエンヌペッパー　各少々
〈タップナードソース〉（作りやすい分量）
　ブラックオリーブ　1缶
　ケイパー　10粒
　アンチョビ　5～6枚
　オリーブオイル　大匙2～3
　大蒜　1片
カレーオイル　大匙1
白髪葱・ディル　適宜

作り方

1 鱸は切り身にし、塩・胡椒・カイエンヌペッパーをふる。
2 タップナードソースのすべての材料をミキサーにかける。
3 鱸を厚めのフライパンで皮のほうから焼く。皮がカリッとなるように、皮面で八分通り火を通す。裏返して焼く。
4 皿にソースを敷き、鱸をのせ、カレーオイルをかけて白髪葱とディルを飾る。

セージのバターケーキ

材料（23cmの丸マンケ型）

セージ　8～10枚
発酵バター　170g
薄力粉　1½カップ
ベーキングパウダー　小匙2
グラニュー糖　1カップ
全卵　3個
巨峰　1房（飾り用）

作り方

1 バターを室温に戻しておく。
2 薄力粉とベーキングパウダーを合わせ、ふるっておく。
3 型に分量外のバターを塗り、粉をふるい、余分な粉は落とす。クッキングシートを型の底に敷き、セージを並べる。
4 バターに砂糖を加え、白くもったりするまで泡立てる。
5 4に卵を1個ずつ加え混ぜる。
6 2を2～3回に分けて加えて混ぜる。
7 型に流し、180℃のオーブンで30～35分焼く。

Summer Party

地球温暖化のせいでしょうか、毎年本当に暑い夏となります。

少々体も弱りがちになりますが、こんな時こそ食欲増進になるように心がけます。

口当たりの良い冷たいスープに、海の香りがする栄螺はハーブバターで。スパイスや香味野菜を採り入れたエスニックなお料理は、体に優しく働きかけ、食欲を刺激してくれます。

涼しげなガラスの器を使い、涼感を出します。さあ、サマーパーティーの始まりです。

神無月

糸くらげと蟹菊花の酢の物
春菊と梨きのこの白あえ
松茸のお浸し
秋の味覚蒸し
鮭の竜田揚げ　いくら卸しかけ
鮪のサラダ
わかめのお焼き
大根と帆立マヨネーズ
栗御飯
栗の葛まんじゅう

柿右衛門について

秋になると、この柿右衛門のことをお話ししたくなります。いつの頃でしょうか、何かお料理に使える器はないかと、蔵の中を探しておりました。

大量の埃の中で、「柿画」林家誂えと印した木箱を見つけ、開けてみたら、十二代柿右衛門の和食器揃いでした。一枚一枚古い薄紙を開いていきますと、白磁に柿の絵が描かれた美しい器の数々でした。

あいにくと今使うには、少々大きすぎたり、小さすぎたりするものもありますが、現在使えるものは使うことで、毎年この時期は、柿右衛門が待っていてくれるような気がいたします。

今年は茶碗蒸しの器に、秋の味覚を入れて蒸してみました。皆様ご堪能くださいませ。

糸くらげと蟹 菊花の酢の物

材料

糸くらげ　100g
蟹の身　50g
食用菊　適宜
〈加減酢〉
　酢大匙１：淡口醤油大匙１：だし大匙７

作り方

1　糸くらげはサッと湯がき、水にとりザルにあげる。
2　蟹の身はほぐす。菊は酢を少量落とした湯で湯がく。
3　**1** と **2** を加減酢で合わせる。

春菊と梨きのこの白あえ

材料

春菊　１束
しめじ　１パック
梨　¼個
柿　¼個
松の実　大匙１
木綿豆腐　１丁（150g）
だし　大匙１～
練り胡麻　大匙３
砂糖　大匙１～
醤油　大匙１～

作り方

1　木綿豆腐は布巾に包んで水気を切っておく。
2　春菊はサッと湯がき、冷水にとり、3cmくらいに切りだしにつけておく。
3　しめじは小房に分け、1.5cmに切り、サッと湯がいてだしにつけておく。
4　梨と柿は5mm角に切る。
5　松の実はローストして刻む。
6　すり鉢で **1** をすり滑らかにし、練り胡麻、砂糖、醤油を加え、**2** ～ **5** を合わせる。

鮪のサラダ

材料

鮪（中トロ） 200g
レタス・サラダ菜 適宜
〈ドレッシング〉 粒マスタード 小匙1
柚子ポン酢 50cc
黒胡椒 少々
〈柚子ポン酢〉 柚子の絞り汁 1個分
醤油 大匙1
だし 大匙1

作り方

1 鮪は塩をふり、表面を焼き、一口大に切る。
2 葉物は水につけ、水気を切り、一口大にちぎる。
3 1と2をドレッシングであえる。

松茸のお浸し

材料

松茸 適宜
法蓮草 1束
〈柚子醤油〉 柚子の絞り汁 1個分
だし 大匙2
濃口醤油 大匙1
柚子の皮（あられ切り）

作り方

1 法蓮草は湯がいて冷水にとり、3cmに切る。だしに浸しておく。
2 松茸はサッと洗い、キッチンペーパーなどで水分を切る。軽く塩をふり、網で素焼きにし、手で裂く。
3 1と2を柚子醤油であえる。柚子の皮を天盛りにする。

秋の味覚蒸し

材料

松茸　適宜
銀杏　10個
海老　4尾
三つ葉　½束
もみじ麩　適宜
だし　500cc
酢橘　1個（¼にカットする）

作り方

1 松茸は一口大に切る。銀杏は殻を割り薄皮をむく。三つ葉は2、3本とり結んでおく。
2 器に松茸、銀杏、海老、三つ葉、もみじ麩を入れ、だしをはり、蒸す。
3 酢橘を添える。

鮭の竜田揚げ いくら卸しかけ

材料

鮭　100g
〈つけ汁〉
　醤油　大匙4
　酒　大匙1
　卸し生姜　1片分
片栗粉　適宜

大根卸し　大匙4～5
いくらの醤油漬け
　大匙1～2（迎春 P.9参照）
もみじ麩　適宜
銀杏　適宜
酢橘　適宜

作り方

1 鮭は一口大に切り、つけ汁に30分程つけておく。片栗粉をつけ、170℃の油でゆっくりと揚げる。麩と銀杏も揚げる。
2 大根卸しにいくらの醤油漬けを混ぜ、鮭、麩、銀杏の上からかける。酢橘を添える。

大根と帆立マヨネーズ

材料

大根　½本
塩　小匙1
帆立貝缶詰　60g（細かく手でほぐす）
マヨネーズ　25g
貝割れ大根　適宜

作り方

1 大根は4cmの拍子切りにして、塩をふり5分おく。塩気を洗い流しキッチンペーパーで水気を切る。
2 水気を切った帆立貝と1をマヨネーズであえる。器に盛り、貝割れ大根を添える。

わかめのお焼き

材料

わかめ（戻したもの）　150g
上新粉　100g
蓮根　100g
長芋　200g
塩・胡椒・醤油　各少々
胡麻油　適宜

作り方

1 蓮根と長芋はすり卸し、上新粉を加える。1cm角にしたわかめを加え、塩・胡椒・醤油で調味する。
2 小判型にして、多めの胡麻油を熱したフライパンで、両面ともこんがりと焼く。

栗の葛まんじゅう

材料（10 個分）

吉野葛　40g
砂糖　40g
水　400cc
栗あん　150g

作り方

1 鍋に吉野葛と砂糖、水を入れ、30 分以上おく。
2 1を火にかけ、木ベラでよく練る。
3 葛を 10 等分し、温かいうちにラップに広げ栗あんを包む。口が開かないようにゴム等で留め、氷水に入れて冷やし固める。

栗御飯

材料

栗　適宜
米　300cc
もち米　60cc
だし　300cc
酒　60cc
塩　少々
黒胡麻　適宜

作り方

1 米ともち米は一緒に洗い、30 分程ザルにあげておく。
2 栗は皮をむき水に放してアクをとり、表面を焼く。粗みじんにする。
3 1と 2、だし、酒、塩少々を鍋に入れ火にかけ、沸騰したら弱火にして 15 分炊く。碗に盛り黒胡麻をふる。

秋の中華

蛸と春菊のあえもの
牡蠣の中華風フリッター
蟹と小松菜のスープ
海老と黄韮の炒めもの
鮑と白菜のクリーム煮
東坡肉 豚バラ肉の角煮
肉まん
あんまん

蛸と春菊のあえもの

材料

蛸　200g
〈下味〉　醤油　大匙２
　　　　　砂糖・酢　各小匙１
　　　　　豆板醤　小匙½
　　　　　胡麻油　小匙１
　　　　　赤唐辛子　１本（輪切り）
春菊　１把
〈下味〉　醤油　大匙１　　砂糖　小匙１
　　　　　酒　大匙１
　　　　　練り辛子　小匙１

作り方

蛸はそぎ切りにし、春菊は湯がいて2cmに切る。それぞれ下味をつけ、あえて盛る。

牡蠣の中華風フリッター

材料

牡蠣　8～10個
〈衣〉　小麦粉　40g
　　　　片栗粉　15g
　　　　ベーキングパウダー　小匙½
　　　　溶き卵　１個
　　　　サラダ油　大匙１
　　　　水　大匙２
レモン　１個（4～6等分のくし切り）
香菜

作り方

1 牡蠣は冷水できれいに洗い、水気を切る。
2 衣を作り、牡蠣につけ、180℃の油で揚げる。香菜とレモンを添えて器に盛る。

蟹と小松菜のスープ

材料

蟹の身　適宜　　　小松菜　½束
スープ　600cc
塩・胡椒・醤油・酒　各少々
水溶き片栗粉　適宜

作り方

1 蟹の身は細かくほぐし、酒をかけ、臭みをとっておく。
2 小松菜はサッと茹で、細かく刻む。
3 鍋にスープを温め調味し、1と2を加え、ひと煮立ちさせ、水溶き片栗粉でとろみをつける。

鮑と白菜のクリーム煮

材料

鮑の水煮缶　1缶
白菜　2～3枚
人参　¼本
ベーコン　1枚
生姜　1片
牛乳　200cc
スープ　100cc
醤油　小匙1
塩・胡椒　少々
胡麻油　小匙½
水溶き片栗粉　適宜

作り方

1 鮑はそぎ切りにする。缶の煮汁はとっておく。
2 白菜は、葉の部分は5cm角、軸の部分は5×1cmの拍子切りにする。人参は蝶々の型で抜き薄切りにする。生姜は薄切り、ベーコンは1cmの拍子切りにする。
3 鍋に1の煮汁、スープを入れて煮立たせ、人参、ベーコン、生姜、白菜を加えトロトロにする。鮑を加え、調味し、牛乳を加え水溶き片栗粉でとろみをつける。
4 仕上げに胡麻油を加える。

海老と黄韮の炒めもの

材料

海老　12尾
〈下味〉　片栗粉　大匙1
　　酒　大匙1
　　塩　少々
黄韮　1束
もやし　½袋
スープ　100cc
酒　大匙2
砂糖　小匙1
塩・胡椒　少々
サラダ油　大匙2～3
水溶き片栗粉　適宜

作り方

1 海老は殻をむき、背わたをとり、開く。片栗粉大匙1を加えよく揉み、水洗いして臭みをとり、下味をつけておく。
2 黄韮は3cmに切り、もやしは芽、ひげをとり下茹でしておく。
3 1を熱湯で湯通しをし、水気を切る。
4 鍋を熱し、油で海老を炒める。もやしを加え、スープを入れてひと煮立ちしたら調味をする。黄韮を加え、水溶き片栗粉でとろみをつける。

東坡肉
豚バラ肉の角煮

材料

豚バラ肉　500g
生姜　1片
葱　1本
大根　½本
法蓮草　¼束
A　水　600cc
　　醤油・砂糖　各100cc
溶き辛子　適宜

作り方

1 たっぷりの湯で、豚肉を40〜50分茹でる。
2 葱はぶつ切り、生姜はスライスする。大根は一口大に切り、下茹でをする。
3 1を5〜6個に切り分け、熱いうちに表面に別量の醤油大匙3をまぶし、多めの油で焼き焦げ目をつける。
4 鍋にAを合わせて沸騰させ、3と生姜、葱を加え弱火にして2時間程煮込む。大根も加え更に10分煮込む。
5 器に盛り、下茹でし3cmに切り揃えた法蓮草と溶き辛子を添える。

肉まん あんまん

材料（小30個分）

〈皮〉

A | 強力粉　200g
　| 薄力粉　300g
　| ベーキングパウダー　大匙1

B | イースト　小匙1
　| 湯（人肌）　60cc
　| 砂糖　ひとつまみ

C | コンデンスミルク　大匙3
　| サラダ油　大匙3
　| 砂糖　60g
　| 塩　小匙1
　| 湯　200cc

〈アン〉

豚ひき肉　400g
葱　1本
干し椎茸　4枚
筍　100g
高菜　大匙3

A | 砂糖・甜面醤・胡麻油　各大匙1
　| 醤油・酒　各大匙2

こしあん（1個約15g）

作り方

〈皮〉

1 Aは合わせ、ふるっておく。
2 Bは合わせ、温かいところにおいて発酵させる。
3 **2**が発酵したらCと合わせ、**1**を徐々に加えてひとまとめにして、手でよく練る。
4 ボウルに**3**を入れ、濡れ布巾をかぶせ、温かいところで30分以上発酵させる。
5 棒状に伸ばし、1個25〜30gずつに分ける。丸く伸ばし、アンを包む。強火のセイロで10〜12分蒸す。

〈アン〉

1 干し椎茸は水に戻して、みじん切り、葱、筍もみじん切りにする。
2 ひき肉⅔と、椎茸、筍を炒め、**A**を加えて調味する。残りのひき肉と葱、高菜を加え、バットに広げ冷ます。
3 こしあんは1個15gくらいずつに丸めておく。

Merry Christmas

カリフラワーのムース
　ウニのゼリー寄せ
根菜のミネストローネ
牛肉の黒胡椒ソテー
　きのこのサラダ添え
オマール海老のテルミドール
紅芋マッシュ＆タラモ
栗と和三盆のロールケーキ
　クリスマス仕立て

Christmas Party

一年の締め括りは、やはりクリスマス。

家々には、クリスマスツリーが飾り付けられます。私は毎年、テーマカラーを決めて、飾り付けを楽しみます。

この年のテーマカラーは、バイオレット。毎年、オーナメントを探すのも、楽しみの一つです。親しい人たちの顔を浮かべながらのプレゼント選びも楽しみの一つ。……これは苦しみの一つでしょうか(笑)。

キャンドルのともし火を眺めていると、一年の無事を感謝する気持ちで一杯になります。日本では少々パーティー気分が抜けませんが、家族が集まり、お互いの健康と一年の無事を感謝し、迎える新しい歳が佳き歳でありますようにと祈る気持ちとなります。

メリー・クリスマス——

カリフラワーのムース ウニのゼリー寄せ

材料

カリフラワー(茹でたもの)　¼ カップ
牛乳　50cc
ゼラチン　5g
生クリーム　大匙1
野菜のコンソメ　100cc
オクラ・ウニ　適宜
塩・胡椒・レッドペッパー　各少々
〈野菜スープのゼリー〉
　野菜スープ（チキンコンソメでも可）　200cc
　ゼラチン　4g　　　塩・胡椒　少々

作り方

1 カリフラワーは小房に分け茹でる。ゼラチンは水で戻しておく。
2 カリフラワーと牛乳をミキサーにかけ、鍋に移し、温める。塩・胡椒で調味し、ゼラチンを加え混ぜる。生クリームと野菜のコンソメも加え、冷ます。粗熱がとれたら器に流し、冷蔵庫に2～3時間入れ冷し固める。
3 野菜スープのゼリーを作る。野菜スープを温め、塩・胡椒で調味し火を止め、水で戻しておいたゼラチンを加え粗熱をとり、冷蔵庫で冷やし固める。
4 ムースが固まったらウニ、茹でてスライスしたオクラ、レッドペッパーをのせ、野菜スープのゼリーを上からかける。

根菜のミネストローネ

材料

蓮根　3cm
蕪　小1個
牛蒡　6cm
玉葱　¼個
京人参　3cm
インゲン　2本
ベーコン　2枚
チキンストック　600cc
オリーブオイル　適宜
塩・胡椒　少々

作り方

1 すべての野菜とベーコンを、7～8mmに切る。
2 鍋にオリーブオイルを熱し、弱火でベーコンを2～3分炒める。野菜も加え、しんなりするまで炒める。
3 チキンストックを加え、野菜の味が出るまで煮込む。塩・胡椒で調味する。

ROSES

オマール海老のテルミドール

材料

オマール海老　2尾
玉葱　¼個
大蒜　1片
マッシュルーム　6個
バター（又はサラダ油）　大匙1
ブランデー　大匙2
生クリーム　100cc
ホワイトソース　200cc
牛乳　100cc
マスタード　小匙1～2
塩・胡椒　少々
パルメジャーノ　適宜
溶かしバター　適宜
〈ホワイトソース〉
　バター　大匙2
　小麦粉　大匙3
　牛乳　300cc
　塩・胡椒　少々
イタリアンパセリのみじん切り

作り方

1 オマール海老はよく洗い、熱湯で7～8分茹でる。それぞれを半割りにし、身はとりだしてぶつ切りにする。殻は乾かしておく。玉葱はスライス、大蒜はみじん切り、マッシュルームはスライスしておく。
2 鍋にバターを熱し、大蒜、玉葱を薄く色づくまで炒め、マッシュルームを加え、塩・胡椒で調味し、水分を飛ばす。
3 2にオマール海老を入れ、ブランデーを加えてアルコールを飛ばす。生クリームを加え海老に火が入ったら海老はとりだす。
4 3にホワイトソースと牛乳を加え、煮詰める。マスタード、塩・胡椒で味を調える。
5 殻に海老を詰め、4のソースをかけ、パルメジャーノをふる。溶かしバターをかけ、230～250℃のオーブンで3～4分こんがりと焼く。
6 イタリアンパセリのみじん切りを飾る。

紅芋マッシュ&タラモ

【紅芋マッシュ】

材料

紅芋　250g
バター　大匙2
生クリーム　大匙2
牛乳　大匙2
塩・胡椒　少々

作り方

紅芋は皮付きのまま茹で、柔らかくなったら熱いうちに皮をむき、裏漉しする。鍋に裏漉しした紅芋とバター、生クリーム、温めておいた牛乳を加えて練り、塩・胡椒で味を調える。

【タラモ】

材料

じゃが芋（メイクィーン）　250g
明太子　適宜
バター　大匙2
生クリーム　大匙2
牛乳　大匙2
塩・胡椒　少々

作り方

メイクィーンは皮付きのまま茹で、柔らかくなったら熱いうちに皮をむき、裏漉しする。鍋に裏漉ししたじゃが芋とバター、生クリーム、温めておいた牛乳を加えて練り、腹から出しておいた明太子を加え、塩・胡椒で味を調える。

牛肉の黒胡椒ソテー　きのこのサラダ添え

材料

牛もも肉　1人60～80g
〈下味〉　醤油　大匙1
　酒　小匙1
　片栗粉　大匙1
　塩・胡椒　少々
銀杏　1人2～3個
黄ピーマン　1個
百合根　適宜
オクラ　2本
パセリのみじん切り
オリーブオイル　適宜
大蒜　1片
サラダ油　大匙1
粗挽き黒胡椒　小匙1
酒　大匙1強
醤油　大匙1
フォンドボー（市販）
　大匙2～3
オイスターソース　大匙2

作り方

1 銀杏は殻を割り薄皮をとる。黄ピーマンはヘタと種をとり除き、12等分のくし切りにする。大蒜はスライスする。

2 牛肉は下味をつけ、強火で手早く焼き色をつけ、網の上にとる。

3 オクラは茹で輪切りにする。銀杏、黄ピーマン、百合根は湯がいて、オリーブオイルでサッと炒める。

4 フライパンにサラダ油を熱し、黒胡椒と大蒜を軽く炒め、牛肉を加える。酒をふり、アルコールを飛ばし、醤油、フォンドボー、オイスターソースで調味する。

5 きのこサラダを皿に広げ、中央に牛肉、まわりに**3**とパセリを飾る。

【きのこのサラダ】

材料

マッシュルーム・生椎茸・舞茸等　各適宜
フリルレタス等　適宜
〈ドレッシング〉
　オリーブオイル　50cc
　ワインビネガー　大匙2
　大蒜　1片（みじん切り）
　塩・胡椒　少々

作り方

1 マッシュルームは4つ割り、生椎茸は6つ割り、舞茸は小房に分け、中温で揚げ、熱々をドレッシングに漬ける。
2 葉物は充分に水気を切り、手でちぎってドレッシングであえる。

栗と和三盆のロールケーキ クリスマス仕立て

材料

全卵　150g（M3個）
和三盆　40g
トレハロース　15g
米粉（又は薄力粉）　60g
牛乳　大匙1
サラダ油　5g
バター　5g
栗の甘露煮　50g
栗のペースト　100g
生クリーム　300cc
グラニュー糖　大匙1
金箔・銀箔　適宜

作り方

1 ボウルに全卵と和三盆、トレハロースを加え撹拌し、ボウルごと直火にかける。和三盆が溶けもったりしたら火からはずし、ハンドミキサーにかけしっかりと泡立てる。3速のハンドミキサーなら3分30秒、2速連なら1分が目安。
2 1に米粉をふり入れホイッパーで混ぜる。牛乳と湯煎にかけたバター、サラダ油を加えて混ぜ、紙を敷いた天板に流し、180℃のオーブンで9分焼く。焼きあがったら紙をはずし冷ます。
3 2にホイップした生クリームを全体に塗る。生地の手前に栗のペーストを絞り出し、これを軸にする。残りの生クリームの部分に刻んだ栗の甘露煮をちらし、手前から巻く。
4 残りの生クリームを3の表面に塗り、フォークで線を引く。金箔・銀箔を飾る。

おわりに

やっとの思いでこの本を完成させることができました。

お教室の毎月のレシピを決めるのだけでも大変ですのに、この一年は本を作ることを念頭に思い、旬の食材、食器選びも少し華やかに。でもやはり、一番は作りやすく、おいしいものをと思いメニューを決めました。

毎月、わけのわからない試作を食べてくれる家族（厳しい批評をくれる……苦笑）に感謝。

そしてこの本を作ることを提案し、私を支えてくれたライターの高井美雪さん、お料理大好きのカメラマンの藤田一弥さん、株式会社あるむの永尾嘉章さん、中川久美子さん、大勢の方々のお力で今日を迎えることができました。

またいつも、私のわがままをきいてくれる我がスタッフの下須賀史子、遠藤かつら、坂東恵子三人にも心より感謝しております。

皆様本当にありがとうございました。

「願いはいつか叶うもの」

平成二十一年九月吉日

林 容子

林 容子

Yoko Hayashi

料理研究家。

岐阜県可児市出身。生家は創業百四十年余の蔵元。

金城学院短期大学卒業後、各種料理教室に通いながら、ラ・ココット岡本啓子氏に師事。自宅の蔵に眠る数々の器を使い、一九九〇年に身近な食材で作るおもてなし料理のサロンを開設。現在、自宅、名古屋、三重のサロンの他、ノビリアリビングカフェ（岐阜市）、中日文化センター（名古屋市）などでも講師を務める。

料理と器の組み合わせ、テーブルセッティング、フラワーアレンジメントなど、食を通して季節感あふれるライフスタイルを提案するため、コレクションした食器・テーブルリネン類は実に多数。古き良きものを知る鋭い目で、新しき良きものを探求し、食文化の新たな魅力を日々発信する。

Cooking Salon YOKO

csyoko.jp

- 可児教室　岐阜県可児市羽崎 1418
- 名古屋教室　愛知県名古屋市中区新栄 1-10-20 アークピュアモリロンビル 102
- 岐阜教室　岐阜県岐阜市六条南 3-12-13 ノビリアドイツキッチン岐阜ショールーム
- 三重教室　三重県三重郡菰野町字江田 8474-60

お問い合わせ先　info@csyoko.jp

著者　林　容子

スタッフ　下須賀史子

料理アシスタント　遠藤かつら　坂東恵子

撮影　藤田一弥

編集助手　高井美雪

デザイン　中川久美子

おもてなし歳時記

二〇〇九年十月八日　第一刷発行

著者　林　容子

発行所　株式会社　あるむ
〒460-0012
名古屋市中区千代田三丁目1-12
第三記念橋ビル
TEL 052・332・0861
FAX 052・332・0862

印刷・製本　精版印刷

ISBN978-4-86333-017-7